황의형 시집

수평선

문학사계

책머리에

40여 년의 직장생활에서 은퇴한 후 할 일없이 지내면서 무얼 할 것인가를 생각하고 있던 중, 2005년 11월 어느 날 천안 무운사 무염 스님이 만났으면 하기에 찾아갔었다.

점심으로 보리밥을 나눈 뒤 이런저런 얘기 끝에, 스님이 이제 무얼 할거냐고 물었다. 생각중이라고 했더니, 학교 다닐 때 글을 잘 썼으니 시를 써보는 것이 어떨지, 성격하고도 맞을 것 같다고 하는 것이었다. 즉석에서 그렇다 싶은 생각이 들어 그럼 쓰는 요령을 좀 가르쳐 달라고 했더니 황송문 교수님의 『현대시 창작법』을 건네주며 읽어보고 써보라 했다.

몇 번인가를 정독을 하고나서 시를 써보려 했다. 그러나 어떻게 써야할지 앞이 캄캄하고 갑갑하기만 했다. 시 쓰는 수업을 정식으로 받아야겠다는 생각이 들어 집에서 가까운 수원대학 평생교육원 문예창작과를 다니게 되었다. 그때는 학기중이라 다음 학기까지 그냥 다니기로 하고 수업을 받았다.

그런데 첫날 수업이 끝난 후 교수님이 황 선생님 다음에 오실 때 시 한 수 써와 보세요 하는 것이었다. 대답도 못하고 돌아오면서부터 고민이 되기 시작했다. 그러던 중 친구들과 북한산 등산길에서 우연히 주

제를 찾게 되었다. 초겨울 추운 날씨인데 산새 한 마리가 숲 속 나무 끝에 외로이 앉아 처량하게 울고 있었다. 저거다 싶어 시상을 메모하였다 쓴 것이 이 시집에 수록된 「산새」라는 작품이다. 처음으로 썼는 데도 잘 썼다는 칭찬과 박수를 받았었다.

이렇게 하여 쓰기 시작한 시 쓰는 일이 어언 수년이 되면서 문단에 등단도 하게 되었고 시집을 낼만큼 작품이 쌓이게 되었다. 그러나 정작 사무사思無邪의 경지에서 써진 것이 얼마나 있을지 스스로 의심스럽다.

거치른 마음을 갈고 닦는 심정으로, 때로는 외로움을 달래면서 분출하려는 시혼을 불태우며 창작한 것들이나 시집으로 묶어 세상에 내놓는다는 것이 왠지 두려움이 앞선다. 많은 지도와 질책이 있기를 바라는 심정이다.

시집이 나올 수 있도록 지도해 주신 황송문 교수님 그리고 작품 지도를 해주신 이지엽 오형엽 교수님께 심심한 감사의 말씀을 드리고, 그동안 도와주신 문우들에게도 고맙다는 인사를 드린다.

2011년 7월

용인 수지 서재에서

황의형 식

황의형 시집 | 차례

제2부 꽃 속에서

제3부 남한강

제4부 가을비

제5부 보이지 않는 손길

제6부 고향 생각

제1부 머물다 간 자리

철을 놓친 벌 나비만
마지막 장미의
유월이 저문다

강설降雪

목화송이 같은 눈이 내려
온 세상은 하염없이 흐드러진다

다 묻혀버리고
막막하게 쌓여가는 산천
혼미한 천지에 적막이 내린다

멀리 들려오는 희미한 설렘 소리
웅성웅성 소곤거림이
외로운 뜰 안에 환한 길을 트는데

떠났던 사람 눈 잎처럼 돌아올 것 같아
들뜬 가슴은 기쁨으로 설레다
마음에 고이 밝혀든 등불이
깊은 밤을 지새우며 가물거린다

눈발은 꽃잎처럼 쏟아져
행여 돌아올 길마저 막힐까
이 슬픔은 흰 달빛이 되어
무심한 눈꽃 속을 헤맨다.

인동초

당신은 항상 연약하고
가녀리게 보이면서도
추운 겨울 칼바람을 이겨내고
눈을 뚫고 핀 복수초※같이 의연합니다

풍전등화 같은 절박감 앞에서
참는다는 고통이 얼마나 큰 것인지
맞서 보지 않고는 어찌 알기나 하겠습니까

다물 정신※이
온몸에 흐르고 있었기에
매서운 추위와 난관을 극복하면서
견실하게 산과 들로 뻗어날 수 있었지요

당신만의 강인한 믿음이 있었기에
불굴의 의지력으로
백척간두의 위험을 물리치고
태양을 맞이할 수 있었습니다

어둠이 짙어지면 새벽이 가까이 오고
추위가 혹독할수록 봄이 멀지 않다는

그 슬기로운 신념이 버팀목이 되어
오늘이 있음을 이제야 알겠습니다.

※ 복수초 : 이른 봄에 눈을 뚫고 나오며 제일 먼저 피는 꽃
※ 다물 정신 : 주몽선조의 정신

무연탄 영가

까맣다고 멀리들 하지만
몸을 태워 뜨거워 지고나면
비벼대며 따끈하다고 법석들이다

전기를 만들고 쇠를 추려내는 힘은
햇빛과 같은 일로 관심 밖이고
생을 몽땅 태워 사랑해주고 나면 매정하게 버려
발에 차이고 미끄러운 곳 수렁 길에 던져진다

한 서린 흑인의 애환이 영가가 되듯
재로 남은 신세타령이나 하려들면
죽어도 버릴 것 없는지
또 다른 쓸 곳을 찾아 실려 나간다

그래도 속도 쓸개도 없이
붙었다하면 끝까지 열을 내 주지만
워낭 소리와 같이 가슴으로 사랑 받지도 못한다

온몸을 불살라 사랑하고 나면
한 덩이 재로 버려질까 두려워
연탄 한 장 되어 주지 못하는 사람들아

활활 타는 따뜻한 이웃이 되어주어 보라

어둡고 추운 밤이 울지 않게
세상이 살맛나게.

물소리

한 몸이 아니라면
가슴이 이렇듯 설렐 수가 없다

그윽한 소리에 귀 기울이면
차가운 외로움이 녹아내리고
시리디시린 아픔도 풀려
어둠속에서도 한줄기 빛이
신비로운 힘으로 솟아오른다

쇠를 자르는 물살의 힘
질풍노도와 같이 밀려오는
범람의 소용돌이는 빛과 그림자로
세상을 얼룩지게 만들지만

졸졸졸 찰찰찰 흐르는 물은
가야금의 선율인 듯
끊어질 듯 속삭이는 사랑의 노래가 되어
마음의 자유 천지에 이르게 한다

바위틈을 구르는 물의 선율
마지막 잎새의 손짓인 양

시드는 꽃잎에도 소망을 주는
은하계 신혼의 반짝임이다.

뱃길

동경에 길든 외항선에 올라
출렁거리는 부표 어망 파도를 뚫고
뿜어내는 용틀임을 바라본다

세차게 토해내는 소용돌이에서
시어들이 튀고 새우들이 날아
갈매기들 먹이 사냥에 울어 지치는
흔적은 수평선 너머로 사라진다

내 고단한 인생길을 닮았나
희끄무레한 항로 찾기에 힘겨운지
뱃고동은 목 놓아 울어대는데
바다는 눈물을 온몸에 적셔온다

길 찾아가느라 힘겨워
시맥을 헤적이는 발톱이 시린가
그 언제 가는 길이 훤히 뚫려
물결처럼 솟구쳐 볼까

날은 저물어 가는데
길은 점점 더 아슴푸레해가고

마음은 바쁘나 꿈은 무거워
쌍고동 울어대는 길목이다.

신록 1

하늘나라 꿈꾸는 모닥불이다
봉오리 피려는 여인 젖가슴
푸른 우산들을 펼치는 중이다

활짝 펼쳐드는 우산 속에
새들의 속살거림이 이어지고
벌과 나비들도 잉잉거린다.

우산마다 넘쳐나는 젖과 꿀
솟아오르는 종달새처럼
아지랑이 아질아질 피어오른다

자가발전을 일으키는 잎맥인가
신혼의 혼야 꿈꾸는 청사초롱인가
눈부시게 타오르는 가슴 안 불길

태양처럼 작열하는 사랑 한 아름
설레는 바람의 치맛자락
꿈을 지피는 새파란 불길이다.

수평선 1

수평선 멀리
아스라이 가물거리는 물결 위로
한 점 갈매기 그리움을 편다.

외로움을 털어내며
떠도는 구름도 아득히
해변을 따라 헤적인다

파도처럼 설레는 가슴
갯바람 애틋한 심사로
온몸 적시며 찾고 찾아
건져 올린 향수의 물빛

이제는 늦었어요
너무 멀리 와 버렸어요
구름처럼 바람처럼 손짓하는
꿈결인 듯 물빛이 시리다.

수평선 2

맞닿은 입술에서
줄기차게 밀려오는
아리아의 선율이 흐른다.

갈매기 떼 깃 치는 소리도
은은한 뱃고동 소리도
타는 간장을 긁어대는데

쓰라린 상처 동여매고
그렇게 아프게 떠날 바엔
물빛 보자기 풀지나 말지

하늘 끝
수평선 너머로 사라졌는지
흰 구름 한 점 외로이 떠
가신 길도 모른 체하는지
비릿한 갯바람에 눈만 시리네.

어머니

전선에 나간 형님이
행여 돌아올세라
비몽사몽 꿈길을 따라
정거장으로 나가 계시는 어머니

진종일 기다려도
오지 않는 아들 눈에 밟혀
눈물도 말라버린 주름살 얼굴
하늘도 땅도 본체만체
풀이 죽어 돌아오시네.

다른 집 아들들은 잘도 오는데
왜 이제까지 오지 못할까
새라면 훨훨 날아가 보련만
절절한 탄식으로 무너지는 모성

장독대에 정화수 올려놓고
신 새벽 천지신명께
아들의 무사귀환을 빌고 빌 적에
소쩍새도 소쩍 소쩍 훌쩍거렸네.

마중 길

장날이 저물면
등불 들고
마중을 나갔다.

돌아오는 길가의 주막들
참새 방앗간 들려가듯
한잔 또 한잔 정담을 나누다가
오밤중이 되어야 오시는 아버지

바람과 맹모래 같은 삶
하루에 다 날려버린
아버지가 저만치서
터덜터덜 걸어오신다

취하고 취하셔도
기막히게 건너시던 외나무다리
어머니의 노심초사가
그 발길을 붙드셨던가

꿈길 같이 몽롱한 마중 길
길도 사라지고 아버지도 떠나셨는데
나도 넋없이 저눌어만 간다.

꽃잎

단장斷腸의 눈물 삼키며
떨어진 꽃잎
하늘도 슬퍼 장대비로 울었지요.

길고 긴 인연의 끈
아린 편린들 살점으로 떼어놓고
야멸차게 건너버린 세월의 강

그렇게도 소망하던 곳
잘 가셨는지……
별빛 찧고 달빛 찧는 빈 가슴
기름 심지로 타고 있습니다.

억수같이 쏟아지던 비 뚝 그쳐
그 놀라운 믿음 가슴마다 심어놓아
외로운 섬 하나 수놓느라
눈이 편할 날 없습니다.

황포돛배에 올라서

황포돛배에 올라서
마지막 석양빛을 가슴으로 부르며
얼룩진 임진강을 흘러간다.

고랑포에서 마포나루로
사연을 싣고 떠나가던 배
애달픈 꿈은 어디로 갔나
지장리 두지나루 간 소슬 바람만
상처에 젖는 길손을 휘감는다.

그 언제나 동토가 풀어져
대동강 한강 줄기로 길을 열고
마음을 허물어 젖는 가슴으로
잠든 물결 희게 깨우며
푸르른 노래를 합창해 볼까

민통선에 묶인 강물 남겨 두고
울고 있는 철망 너머 저 하늘밑
망연히 바라보다 돌리는 뱃머리서
잘려진 상처를 돌아본다.

완행열차 사람들

서울행 완행열차를 타면
뚝배기 맛 나는 사람들을 만날 수 있고
소주잔 기울이며 오순도순 얘기하며
가는 사람들을 만날 수 있어 좋다

가다가 급행열차가 뒤쫓아 오면
비켜서 있다가 또 간다
소달구지처럼 덜커덩 대며
한 역도 거르지 않고 내려주고 태우며
인정 많은 할아버지처럼 말없이 간다

같은 길을 가는 데도 한쪽은 고속도로로 달려
가고
한쪽은 시골길 비포장 신작로로 달려간다
곧은 길 쉽게 달리며 편하게 사는 사람이 있고
구부러진 길 돌에 채이며 어렵게 사는 사람이
있다
세상을 질주하며 쉽게 살아온 사람들은
넘어지며 어렵게 사는 사람들의 애환을 모른다

모두 함께 가는 사람들

비록 느리지만 모두를 다 품고
더불어 사는 사람들이 좋다
이는 우리들이 살아온 역사
이어온 정 흘린 눈물이기에.

강가에서

강물에 하늘이 있어
구름이 아스라이 흘러가고
새들이 날아가고 비행기도 떠가는데
나무와 세상의 보이는 것들이 뭍에다 발을 딛고 서서
밑으로만 내려다보는 어스름 물결위에
한 남자 앉아 나를 올려본다

그의 등 너머로 희미한 기억들이
스멀스멀 살아나며
어지럽게 흔들어 오기 시작한다

가슴을 긋고 간 별리의 순간들
빗나간 과녁에 아린 연민들
물결치며 밀쳐낸 씨알들 뒹굴어
모질게 엉겨 붙은 흔적으로 남아
범람하는 강물로 흘러온다

지워버리고 싶은 시간들
아픈 기억 다 날려 보내고 싶다
마음 비우고

큰 강물 조용히 흐르듯
강물 같은 시를 쓰면서 살고 싶다.

머물다 간 자리
–장미원

그대 화려하게 머물다 간 자리
웃다가 찌르고 아픈 상처뿐이다.

완숙미에 몰입하던 붓끝들
필름에 담느라 바쁘던 손길들
풍만한 봉오리 속에 묻히던 연인들
불타오르는 군락에 정신 놓던 눈길들
다 떠나고

빈집으로 남은 공허 속에
철을 놓친 벌 나비만
마지막 장미의 유월이 저문다.

동백과 능소화는 꽃송이 뚝뚝 떨어트려
아쉬운 이별로 가지만
그대는 이승의 미련을 업고 가다
엉겨 붙은 살점으로 남았나.

뒷모습이 깨끗한 떠남은
얼마나 슬프도록 아름다운가

아프게 떠난 빈 터에
남은 정마저 떠나고 있다.

6월의 산하

긴 세월 처연하게 발길 끊긴 계곡
녹 슬은 철모 총탄들 사그라지는
풀섶에 흐르는 별빛 덮고 누운
이름 모를 청춘아!

밀고 내려오는 적 전차
온몸으로 막아 조국을 지키기 위해
폭약 안고 뛰어든 육탄용사 아니던가.

포연이 쓸고 간 이 강산 격전지마다
장렬히 싸우다 꽃잎처럼 떨어져간
그대들 붉은 피 한줌의 흙으로 남아
이 땅에 꽃이 피고 새가 날고
맑은 물이 흐르고 있다.

6월이 오는 산하에 잠든 호국의 영령들
그 날을 잊지 말라고, 두 번 다시
마수들의 음흉한 미소에 속지 말라고
외치는 소리 우르르
뇌성벽력처럼 들려온다.

겨울비 내리는 밤

한 겨울밤에 비가 내리네
다정하게 속삭이는 연인들
풍경에 깃을 벌리며
세상을 조용히 적시어오네.

나직이 노래를 부르며
내밀한 정경으로 다가오네,
떠난 사람 돌아올 것만 같은
환상에 젖는 깊은 밤으로

외로움 달래는 유행가처럼
객수客愁를 더하는 장구 소리로
밤이 지새도록 넘치게 내려
못다 한 정한 다 풀어 갔으면

가로등 쓸쓸히 졸고 있는데
그리운 마음은 그칠 줄 모르고
한없이 정처없이 흘러만 가네
소리 없이 내리는 겨울비처럼.

제2부 꽃 속에서

피어니는 향기에 취하고
풋풋한 싱그러움에 젖어
눈 속을 떠가는 수밀도의 향기
치맛자락 황홀한 호수 속이다

거품

비워지지 않는 삶의 궤적은
새하얀 물거품이다.

붙잡으려 하면 할수록
덧없이 흘러가는 세월의 편린
질펀하게 사그라지는 양태가
거역할 수 없는 허기를 달랜다

한때는 서슬 퍼런 징표 앞에
종횡으로 휘젓고 달리면서
만들었던 날렵한 사연들
다 부질없는 허상으로 흘러가는데

무지개도 그려보았고
한낱 우스꽝스런 사랑 앞에서
종교다 베풂이다는 자체가
허공을 부둥켜안은 벼랑이다.

새싹들만 남겨두고

세살 여섯살 여아들 소꿉장난 같은 삶이
풀잎에 맺힌 이슬처럼
험한 바람에 떨리고 있다

부패되어 가는 엄마의 시신 곁에서
날 옥수수로 연명하며
배고프다 우는 동생을 달래려다
같이 울어버렸을 어린 언니

뿌리고 버리는 일 그리 쉽게 하고도
어찌 인간이라고 말할 수 있겠나
가난과 고통을 팔지 마라
짐승들도 제 새끼는 죽기로 보호한다.

깡 소주로 시름을 달래다
뜬구름으로 떠나간 여자야
어미마저 없는 세상
하얗게 눈물까지 말라버린
새싹들은 어쩌란 말이냐.

꽃 속에서

–고양 세계꽃박람회

꽃 속에서 살고 싶어
파도처럼 밀려드는 인파를 헤집고
설레는 가슴속으로 안기었다

피어나는 향기에 취하고
풋풋한 싱그러움에 젖어
눈 속을 떠가는 수밀도의 향기
치맛자락 황홀한 호수 속이다

오탁의 허물도 바람결에 폴폴 날아가고
마음에 흐르는 강물은 별 밭이 되어
가슴 저미는 노래 한곡 곁들인다면
나 여기 영원히 머물고 싶어라

꽃잎 뚝뚝 떨어지는 발밑에서
주워담는 바구니로 뒹굴어도
낙화 한 잎 귀에 걸고 꽃구름 속 떠가며
그대 품속을 나는 벌이 되고 싶어라.

봄은 어디에서 오는가

긴 잠을 깨우는 바람인 듯
터지는 산수유 물결인 듯
엷은 수채화로 오시는가

신선한 파도 바람으로
물안개를 헤집고 하늬바람에
닻을 단 꽃물결로 오시는가

무뎌진 가슴을 헤집고
은빛 물결로 오시려는 듯
심장으로 고동치는데

물새소리 산새소리 따라
고개 넘어 오는 봄
이 가슴속에는 언제 오려나.

봄이 오는 길목에서

봄이 오는 길목에서
행여 오시려나
고개 넘어 산새처럼
부푼 꿈을 어쩌지 못했다

은은한 들녘은 땅심을 흘려
터지는 산수유 노랑부리
등불 밝혀드는 새싹들
두런두런 수놓기 바쁜데

멀고 험한 길 앞에 두고
망설이는 아픔인가
고달프던 일상 아직도 끓어 안고
달빛 찧고 어둠 찧는 새벽인가

애련에 물든 외딴 섬
가슴 아픈 비바람 몰아치니
사무침만 눈먼 사랑인가
바람처럼 흘러간다.

산수유 피고 지는데

-구례 단지에서

산과 들 마을의 노란 물결이
얼굴과 마음까지 물들이는
병아리 솜털 같은 노랑 부리들
맨살 드러낸 가지 끝에 터져
새털구름 수채화로 번져나간다

가슴 설레는 황색 물결 속
보따리 풀어보랴 황홀한데
내 안에 이는 물결 네게로 번졌나
은은한 꽃잎 속에서 손을 흔든다

깨끗이 잊으려 했는데
또다시 머뭇거리며 번지고 있는 나
세상의 모든 길은 미련으로 통하는가
노란 길에도 눈물이 고인다

핏자국도 붉은 살점도 잊어버리고
젖고 있는 아린마음 하늘에 날리며
닫친 가슴 열어주는 꽃물결 따라
모시 빛 새털구름 속으로 걸어간다.

난蘭

굳은 듯 보드랍고 가는 잎새
깨끗한 그 마음을 즐기려는 듯
구슬같이 투명한 이슬을
마디마디에 달고 있네

폭풍한설 진눈개비도 이겨내고
질기게 푸르른 몸 헤집어
꽃 대궁으로 솟아올라
함초롬한 꽃송이 피어내면
가슴은 더없이 뜨거워지고

따뜻함도 넉넉함도
정겨운 손길도 고개 설레며
거칠은 돌 틈새 말라비틀어지는 수분
스치는 햇살 실바람에
하얀 손 내미는
스님 한분 거기 있었네.

진달래 사연

그대, 아련한 모습
음지에서 더욱 곱게 피는가.

폭풍한설에 맺힌 사연
연분홍 꽃잎으로 피어나
꽃술을 닦아내며 가냘픈 숨결로도
넘치는 꿈을 푸르게 펼친다

중생衆生을 구원하려
업보를 씻어내며
해맑은 두 볼에 흐르는 미소가
피보다도 더 붉은 비를
이 가슴에 흩뿌린다.

고이 간직한 연분홍 사연
추억 속에 접어두고
물길 십리 은은한 길
보리심으로 오가는가.

소쩍새 우는 소리

소쩍새 우는 소리
애련에 물드는 새벽에도
한 낮에도 적시는 눈물

소쩍 소쩍 소쩍다……
가슴 시리게 파고드는 그 소리
무서리 내리는 강
서릿발 피어나는 나뭇가지

구구구, 구구구
계집 죽고 자식 죽고
산비둘기 따라 피 토하면
천길 단애로 구르는 암울함

도심 근교에서 흐느끼면
산속 깊은 데서 사무치고
산속에서 목 메이면
먼 옛날을 헤매 도네

그리움 1

아픈 사연 남겨두고
어디로 떠나갔을까
가신 길이 너무나 멀어
따라가지도 못합니다

어느 하늘 아래
눈물 꽃으로 피어나
차마 못한 말 한마디 남아
산새처럼 울고 있나요

생각 할수록
가슴은 무너지고
꽃잎으로 떨어지는 눈물
강물이 되어 흘러갑니다

어디선가 새파란 노랫소리
마음속 쇠북을 울려대니
그 모습 새가 되었을까
청솔 밭 파랑새 서러워라.

그리움 2

마저 보내지 못한 슬픔
담아두고 있는 아픔이
싸리버섯처럼 피어오르며
빈 가슴을 저미고 있습니다

믿음과 사랑으로 길러온 꽃들을
모질게 뽑아버려야 할 때처럼
시들어 가는 그 모습 바라보다가
억장이 무너져 내리고

숨차게 별이 되기를 비는 기도
잊을 수 없는 이 마음
깊은 산속 풀꽃이 되더라도
그 옆에 피어 지렵니다

서러움이 파도처럼 밀려오면
떠나버린 지난날을 불러 놓고
남은 기억들을 하나 둘
강물에 띄우는 일로 저뭅니다.

그리움 3

아프게 떠나보낸 뒤로도
슬픔까지 마저 보내지 못하고
강산이 변한 세월을 담아
연보라 꽃향기에 소식 실어 띄운다.

가는허리 휘도록 하늘거림은
가을이 깊어짐을 알리는데
석양의 저녁놀은 황홀하고
떠나던 모습은 왜 이리 짙은가

강물은 쉬지 않고 흐르건만
구절초만 남은 쓸쓸한 빈자리
외로움 섧도록 풀어 마시며
무슨 말을 또 전할 수 있을까

서릿바람 시린 창공에
외기러기로 날아가는 이 마음은
어디에 머물지 나도 몰라
밀려오는 파도처럼 부서진다.

상사화

한 번도 만나보지 못했습니다
언제 만나게 될지도 모릅니다
어긋나는 핏빛 안타까움 속에서

가을이 오면
당신의 환생을 위하여
부식토가 되는 아픔을 안고

사무치는 그리움에
떨고 있는 내 순결은
언제까지 혼자여야만 할까요

불꽃처럼 타오르다
쓸쓸히 떠나시는 당신은
이 가련한 운명을 잊지 않겠지요

소망은 이루어져야지요
기약 없는 길 다시 떠나더라도
꿈보다 깊은 사랑을 믿으니까요.

신록新綠 2

네 앞에 서면
그 몸 피어나는 소리
심장으로 고동치는 소리 들린다

질곡의 어둠이 밀려간 자리
화려하던 꽃잎도 지고
초록빛 싱그러운 물결이
연두색 옷자락으로 넘실거린다

오늘을 기다리며
긴긴 날 햇살 달구어 꽃피운 씨알들
새파란 네 잎맥에 눈부시게 피어나
숨 막히도록 화려한데

푸름 앞에서
그리움은 가슴으로 벅차고
타오르는 꿈은 횃불이 되어
하늘로 구름 위로 솟아오른다

그 길로 내려오는 청춘아
설레는 가슴으로 너를 맞아

햇살 고운 품 안에서
하얀 꿈을 꽃피워 내리.

신록新綠 3

그대 앞에 서면
홀연히 피어나는 싱그러움
상큼한 바람으로 밀려와
심장은 설레며 고동치고

미망迷妄의 어둠을 밀어낸
황홀한 초록의 손길
보일 듯 치맛자락 나부끼며
수줍은 미소로 손을 흔든다

밀려오는 열정 현란한 자태는
벅찬 가슴 열리는 무지개
꽃으로 피고 새로 울며
속삭임이 눈부시다

서늘함 넘치는 파란 품안으로
타는 햇살 뜨겁게 받아들여
울울창창 피어나는 박동
하늘로 가물가물 솟아올라

넘치는 설렘 그윽한 향기로

보랏빛 파라다이스 꿈꾸며
활활 타오르는 불길이다.

벚꽃 만발한 교정에서

봄은 왔는데 그 봄이 아니다
손 마주잡고 거닐은 것도 아니었는데
젊은 날 걷던 대학교정의 느낌과 다르다

벚꽃 만개한 교정을 동호인들과 걷다보니
와 아름답다는 탄성도 터져 나오지만
남아있는 그리움은 더욱 아니다

설레는 가슴으로 내일을 얘기하고
미련 때문에 아쉬워도 하며
좌충우돌 부풀기도 했었는데

그러나 오늘은 아름다울 뿐이다
푸르던 꿈은 어디로 갔을까
봄바람은 차갑고 꽃잎은 지고 있을 뿐

흩날리는 꽃눈 속에서
아름답게 피어오르는 건
신세대의 마주잡은 두 손길이어라.

제3부 남한강

한줄기 시원한 강바람 불어와
옷자락을 잡는다
바람 따라 강가 나무 밑으로
무심히 남한강을 바라보니

비목碑木공원에서

하늘과 산, 물이 푸르게 모여 사는
적막한 평화의 댐 양지 녘
녹슨 철모 통나무 십자가 위에
무량한 햇빛만이 쓸쓸한 졸음을 즐긴다

포연이 휩쓸고 간 격전지 백암계곡
댐 들어서고 비목공원 세워
화천 백암산 일대 처절한 전투에서
산화한 무명용사들의 원혼이
서럽도록 외로운 노랫말로 울고 있다

긴긴 시간을 목메어 외치는가
넋이라도 댐을 지켜야 한다고
참담했던 그날의 아픔 날려버리고
가슴속 새파란 세상 꺼내 보이려
묻어준 돌무덤에 이렇게 서 있노라

단절된 땅의 고독
캄캄한 어둠의 터널을 지나면
새 시대의 아침이 댐 물을 열고
울다 지친 비목에 맺힌 한 씻어 주랴.

비의 연가

하늘이 땅으로 내려오면
강 마을에 푸른 비가 내린다
일엽편주를 뒤흔들며
저문 창가에 흐득인다

만선의 꿈을 안고 잉걸불로 달리다가
빈 배만 남긴 애증의 세월
아린 편린들
비워버린 술병 속에서 운다

어느 창가 못 잊어 나를 부르는가
비는, 알 수 없는 슬픈 노래로
가슴속 깊은 쇠북을 울리는가
비로 만나 흠뻑 젖어보라고
흘려보내는 남은 조각들

흑싸리처럼 울어 예는 빗소리에
얼룩이 된 외로운 섬
해는 무엇 하러 다시 떠올라
시의 바다로 방주를 띄우는가.

남한강

수려한 팔당댐 맑은 물 바라보며
말복더위나 씻어볼까 나왔더니
누런 흙탕물만 범람한다.

줄기차게 퍼붓던 장맛비 그친지 오랜데
산을 깎아내리고 도로를 삼키며 둑을 뭉개고
민가를 덮친 물 이곳에 다시 모여 소용돌인가
미치게 돌아가는 세상사 보여주려 시위하는가
솟구치는 강물 바라보다 불현듯 무서워진다

무섭고 무덥고 누런 물 싫어 발길 돌리는데
한줄기 시원한 강바람 불어와 옷자락을 잡는다
바람 따라 강가 나무 밑으로 내려 앉아
무심히 남한강물 거슬러 바라보니
모터보트는 외로이 강물 가르며 사라지고
젊은 날 헤엄치던 이 강가 맑은 물 보인다

후미진 곳에서 빠가사리 모래무지 민물새우 잡아
매운탕 끓여 소주잔 기울이며
정다운 얘기꽃 많이도 피웠는데

그 친구들 어디서 무얼 하고 있을까
다시 만나 헤엄치며 물고기 잡고 싶다
남한강 시원하게 물결 가르며
얼싸안고 덩실 덩실 춤도 추고 싶다.

험한 물결

재잘대는 참새 떼들
큰 숲 만나면 조용해진다

졸졸졸 흐르는 시냇물
강물 만나면 순해진다

물안개 피우며 사납게 흐르는 강물
호수를 만나면 잠잠해진다

범람하는 험한 물결
바다 만나면 유유자적한다

시끄러운 열화의 물결
무얼 만나야 평온해질까.

숲속의 청소부

숲의 노폐물과 찌꺼기들을 청소하는
고마운 일꾼을 아는가

쓰러진 고목 쌓인 낙엽 죽었거나
약해진 동식물을 뚫고 들어가 살며
잠복해 있다 습도와 온도가
갖춰지면 밖으로 몸을 펴고 나오는 너

침투한 것들을 모두 분해하여 먹고
번식하며 흙으로 만들어
숲속을 청소하고 건강하게 유지시키는
달걀, 접시, 마귀광대… 버섯들

나무가 피톤치드를 발산하여
병해충 곰팡이를 물리치며
신선한 공기와 향기를 제공하듯
딱따구리가 나무 속의 벌레를 잡아주듯…

이 경이로운 자연의 섭리에
자유로울 자 누구인가
분연히 지나온 길 뒤 돌아보나
흘러간 바람과 구름뿐이다.

원두막

한 세월 해와 달이 서리고
별이 머물던 섬

꿀맛이 솟아나고
청춘이 달콤하던

그 섬에 다시 가고 싶다.

하늘에서 본 세상

비 뿌리는 장막을 뚫고 솟아올라
구름 속을 넘나들며 내려다본 세상

끝없는 빙하의 협곡인가
흰곰들 수없이 노니는 설원인가

대류권 성층권 중간권 열권 어디에
천국 가는 길이 나 있을까
열사의 허공으로 무한인데

낮은 데서 높은 데 바라볼 때마다
그 위엔 희망이 있는 줄 알고 살았는데
바꿔보니 낮은 데에 별이 있네

구름떼 비켜서자 내려다뵈는 세상
평화로운 그림인데
어찌 인간들은 들끓고만 있을까

우항리 정경

백악기
우항리를 누비던 거인
해변의 흔적들이 스멀스멀 살아난다

익룡 공룡 물갈퀴새발자국
절지동물흔적 익룡의 뼈
검고 푸르고 흰색 퇴적층 뜯어내림 암편
대형 보호각으로 담아 펼쳐 보인다

박물관에는
수천 년 전 주름잡던 골격들이
끝없는 생명력으로
샛별이 되어 떠오르고

뼈들이 살아 숨쉬는
우항리가 별이 되어 솟아올라
땅 끝이 웅성웅성 바다가 덩실덩실

발자국을 남긴 거인은
시대의 빛이 되는데
나는 무엇을 남길 수 있을까

외도外島

푸른 비단결 출렁대는
한려수도 가운데 선 외딴 점
800여 종의 늘 푸른 아열대 식물이
이국 풍경을 발산한다.

인간과 자연이 함께 만들어낸
놀이조각공원 비너스가든 천국의 계단…
섬세한 손길 스쳐간 자리마다
뿜어내는 예술의 향기

멀리 해금강을 향하여
부서지는 유람선 물결은
한 폭의 수채화처럼 멀어지며
지난 세월을 아쉽게 물들이는데

바다로 저물어가는 석양을 바라보며
떠나자고 울어대는 뱃고동은
외로운 섬 못 잊는
이 마음을 울어주는가

바닷바람은 휘돌아 다시 바다로 가고

향기 더듬던 인파들은 다 떠나가니
왔다가 가는 것이 바람과 사랑인가
떠나는 길손에게 훌쩍이는 외도여.

어머니의 손

소나무껍질같이 꺼슬거렸고
마른 장작개비같이 단단했었네.

베틀 물레소리 그칠 날 없고
호미가 닳도록 김을 매시며
화장 한번 제대로 못해본 얼굴
흑인 사촌 언니같이 예뻤네

색동옷감 손수 짜내어
멋있는 양복 지어 입혀 주시고
손대는 음식마다 진기한 맛을 내니
손끝에 진미가 배어 있었는가

화엄경 되뇌시고
세월의 시름을 손끝으로 달래며
아들 딸 걱정에 마음 졸이시어
새벽마다 염불로 시작하는 하루

고달픔도 잊으시고
오로지 식솔들을 위하여 쓰신 손길
못다 이루신 꿈 소자 다 이루었으니
마음 놓으시고 천국에서 평안하소서

어떤 만남

우연한 만남이 어둠을 밝히고
초록빛 황홀한 심연을 이루어
여름날 아침 상쾌한 바람이요
푸른 동해바다의 잔잔한 물결이다

철따라 잎과 꽃이 곱게 피고
거센 바람 흩날리는 눈비에도
희디흰 깃발은
추운 눈밭에서도 온화하게 나부낀다.

질곡의 아픔도
스르르 녹여버리고
같이 있음은
아늑함 깃들이는 파라다이스

선택이
오는 세월의 잔물결
푸르게 잠재워줄
넓은 강물 되어줄까.

펀치볼

유성체에 부딪힌 상처인가
신이 내려친 자국인가
6·25의 치열한 격전지에
전설이 흐른다.

백두대간 대암산 줄기
구름이 걸리는 가칠봉 고개
모래 날리는 바람 안고
하루 두 번 아슬아슬 넘어 가던 곳

그대를 지키기 위해
피의 능선 단장의 능선 백석산 도솔산 전투…
9개 대격전이 불을 뿜었고
꽃다운 청춘은 낙엽처럼 떨어졌다

고개 하나 넘으면 바로 이북 땅
최전방 해안에 살고 있는 사람들은
사계절이 겨울 같은 시간 속에서
고향을 그리며 참고 사는가.

상두산 가던 길

멀기만 하던 상두산
끝없는 야산지대 소로 길
봄볕이 쏟아지는 날이면
손에 잡힐 듯 아지랑이는 놀고
진달래 불그레 웃음 짓는데
종달새는 자지러지게 울어대었다

괴나리봇짐 등에 지고
두더지 땅 뒤집고
쇠똥굴이 소똥 굴리고
낙타 등짐 지고 가듯 가던 길

장정들은 전쟁터로 모두 나가
남은 아녀자들이 헤쳐가며
힘에 부치고 시름으로 타는 가슴
시냇물에 목을 축이며 쉬어 가던 길

꿈엔들 못 잊을
가슴 깊이 그어진 상처
이제는 사라진 숲속에서
그때를 그려보다 눈물 뿌린다.

바람

산들바람이
숲속을 지나오면 녹색으로 불고
꽃 속을 지나면 연분홍색을 실어오네

방금
나를 스쳐간 바람은
무슨 색으로 불어갔을까
녹색의 향기였으면 좋겠네

힘들고 지친 사람들
방황하는 영혼들에게
따뜻한 안식이 되고
새 힘이 솟는 마중물이 됐으면

머물다 간 산들바람이
어둠을 깨우는 신실한 빛을
세상 가득히 퍼지게 하는
신 새벽이 됐으면 좋겠네.

누이

언제나 변함없는 친구
자상한 선배
인자한 스승 같은 꽃이었네

음지에 묻어 있으면
북돋아 일으키려 애쓰고
슬플 때 쓸어주고 안아주며
기쁠 때 더 넓게 자랑했네

세상 빙벽에 부딪치게 되면
아픈 가슴 쓸어내리고
눈물 훔치며 튀어 나오던 누이

멀리 있으면 안타까움에
조바심으로 애태우던
국화꽃 향기 같은 여심이었네

고희를 넘겨서도 마르지 않고
솟아나는 샘물인 듯
뜨거운 열정 펄펄 넘쳐나네.

제4부 가을비

어둠을 여는 새벽은 다시 오고
옷깃 스치는 바람은
시나브로 불어와
이제 그만 오라는 말 그 말이

가을비

추적추적 내리는 비, 빗물이 되어
그 옛일을 그림자처럼 얼비추며
시린 심상 아리게 씻어 내린다.

어루만져 보면 서늘한 가슴에도
기억은 고스란히 남았는데
한 번도 깊이 새겨보지 못했던
그 먼 날의 동화 같은 이야기

수많은 날들을 아픔에 젖어
울긋불긋 수채화를 그렸다지만
들국화처럼 피어나는 여린 모습
그저 다정스레 바라보았을 뿐

더는 슬프지 않기로 다짐했다지만
어둠을 여는 새벽은 다시 오고
옷깃 스치는 바람은 시나브로 불어와
이제 그만 오라는 말, 그 말이

싸늘하게 내리는 빗속으로 흘러
이 밤도 가슴 아프게 떠오르는
푸르디푸른 이야기.

단풍

이글거리며 발갛게 탄다
낮게 떠있는 둥지들의 작열함에
눈이 시리다 못해 앞이 몽롱하다

설레는 가슴안고 다가서 보니
새록새록 속삭이는 뜨거운 입술
곱게 차려입은 화사한 여인
석류 알같이 황홀한 불꽃이다

이 눈부신 풍경 어쩌면 좋을까
아프게 밀려오는 뜨거운 물결
한없는 그리움, 허공에 흩날리며
마음만 앞서가다 가슴으로 탄다.

언제나 극치의 시 한 수로 펴낼지
석양의 얼근한 노을에 취한 듯
얼굴만 상기 되어 붉어진다.

스님 생각

머나먼 길 수덕사를
홀로 찾아서
보따리 끌어안고 들어갈 적에
얼마나 울었을까 가냘픈 여심

속세에서 맺은 인연 너무 싫어서
모질게 잘라놓고 떠나던 날은
억장이 무너지고 너무 서러워
하늘도 땅도 모두 싫었으리오

밤 깊은 수덕사에 삭발한 여인
속세에 두고 온정 눈에 서리어
오체투지 눈물로 염불할 적에
수덕사의 쇠북이 따라 울었고
소쩍새도 피울음 울었으리다.

불심으로 닦아낸 인고의 세월
해탈에 이른 부처님으로
중생을 구원하러 환속한 속세
업보는 아니 남아 있었던가요.

초록별의 꿈

봉선화 같은 여린 순정에
가슴에 옹이가 된 초록별의 꿈
아린 시절의 거름이 되어
웃음으로 넘어서는 지천명의 애증

꽃이 피고 지는 그리움에
수채화를 알록달록 그렸는데
구절초같이 여리게 바라만 본
나무꾼만도 못한 풍신이 있었소.

이제 와서 다시 시작한들
고운 정 풀어낼 수도 없는 일
차라리 눈먼 새가 되어 하늘을 나는
새들의 사랑 이야기나 들어봐요

약이 된 세월로 웃을 일도 많으려니
원망치만 마소 달맞이꽃 같은 사람아
가는 길이 달라도 지난 사연은
초록별의 꿈으로 새겨지겠지요.

토말土末

갈두산 사자봉 끝자락
수려한 풍경에 눈이 부시다.

아스라이 멀어져가는 섬 점들
푸르디푸른 융단 물결
고요한 산허리 스며가는 유람선
찬란한 일출 황홀한 낙조
물결을 잠재우는 파란 바람…

온정까지 삼천리 길
길 뚫려 달려볼 날은 언제일까,
수묵처럼 번지는 아쉬운 정
바다로 하늘로 띄워 보낸다

그리운 혈육을 지척에 두고
달려가다 멈춰서는 장벽 앞에서
가슴을 치다가 지쳐 쓰러져도
죽을 수도 없는 핏빛 통한이여

한 생 그 끝은 토말처럼 고울 수 있을까
곱게 마치고자 기다리는 깊은 해변에

파도야 부서져라 쓰라린 가슴위로
땅 끝이 덩실덩실 춤출 그날까지

고속도로를 달리면서

황금 물결 속으로
화살처럼 달려간다
가까이서 멀리로 빙 -
꿈결인 듯 도는 세상

차창을 스치던 바람이
불현듯 몰고 오는 지난날
오면 가고 가면 오는 것을
비어서 안절부절
서글펐던 지녀온 꿈의 실종

막다른 골목 앞에서
털고 일어난 바람이 되어
새로움을 들추며 시름을 뽑으며
꿈을 키워왔던 날들

삶의 무게는 힘겨워도
꽃 피우고 지우며 지나온 세월
이제는 마음 비우는 일로 산다만
스치는 바람이 매섭다

왁자지껄한 술판은
어지러운 세상 깨는 수단일까.

가을 밤하늘의 별

나뭇잎에 내려오는 가을이
귀뚜라미 울음소리를 타고
밤하늘에서 은실로 흐느낍니다.

찬 서리 쓰라린 피멍으로
꽃구름처럼 수채화도 그리고
바람 끝 낙엽이 되어 하나 둘
애련愛戀의 눈물로 떠나갑니다

아름다운 별리를 위하여
화사한 꽃구름 한쪽 떼어내
게시던 큰방에 걸어둡니다
환상이 서로 비추는 가을로 남게

별이 아리게 빛나는 밤에는
쓰르라미 창가에 와 가슴을 뜯어
그리움은 하늘의 별로 반짝이다가
미리내로 가물가물 흘러갑니다.

밤나무골의 가을

여기서 툭 저기서 툭탁 댁대굴
알밤 떨어져 구르는 이 소리
귀가 번쩍 트이는 즐거운 멜로디

어머니 끓여주던 구수한 된장찌개
김 피어오르던 따끈한 시루떡
감칠맛 나는 동동주 한 사발이
바람처럼 스치며 그리운 순간

알밤 한 알 떨음을 벗겨내고
즐겁게 입안에 넣어본다
고소하고 달짝지근하던
어릴 적 맛은 어디로 갔을까

가을이 뚝뚝 떨어지는 밤나무골
주워 담는 이도 없이
겨울채비에 다람쥐만 바쁜데
나는 알밤 같은 시 담느라 바쁘다.

매봉에 올라

구름 위에 솟아 오른 듯
국사봉 만경대가 눈앞이다
서울대공원 과천 인덕원이 발아래 졸고
멀리 지평으로 사라지는 자동차들…

싸늘한 바람이 폐부를 찌른다
봄은 아직도 오지 않았나,
따뜻한 커피 한 잔이 감미로워
추위와 시름을 녹여 내린다

불현듯 한기가 엄습해온다
오르면 버티지 말고 내려가야 하나
마음이 따뜻한 사람과 함께라면 외롭지 않듯
험한 길을 밧줄이 그 손길 되어준다

세월은 애증으로 굴러가는 발자국인가
바람처럼 흘러가다 눈물도 남기지만
이제 부재라는 시간 앞에서
마음의 짐 네 앞에 내려놓고 간다.

하늘 공원

하늘 위에 새하얀 물결이 출렁입니다
끝없는 하얀 바다가 펼쳐집니다
꿈같은 억새 물결이 너울거립니다.

바람이 불면 소리 내어 우는 억새들
여름엔 삽시리 여치 긴날개여치 소리타고
가을이면 귀뚜라미 실배장이 소리타고 웁니다

억센 풀들만 무성한 척박한 땅 밑에
세상의 온갖 허드레 궂은 사연들 모여
타는 속 굴뚝으로 품어내는 아픔

9월이 되면 황갈색의 꽃들이
솜털같이 하얀 물결로 펼쳐지면 풍경은
흐드러지게 내린 눈밭이 됩니다

솜털 꽃 장관이 이어지고
하얀 추억이 만들어집니다
하늘과 땅을 하늘하늘 흘러갑니다.

마이산

멀리서 보면 말의 귀를 빼닮은
수마이봉 암마이봉 갈리는 정수리
백 등꽃 연 등꽃 늘어진 정자에 앉자
어디선가 말발굽 소리 은은히 들려온다.

암마이봉에서 솟는 물이
북쪽으로 금강 남쪽으로 섬진강
발원지가 되어 흐르는 강물은
백제의 흥망성쇠를 담고 흐르리라

바다에서 솟아오른 봉우리들
조개껍질 게 흔적 완연히 박혀
봄에는 돛대봉 여름에는 용각봉
가을에는 마이봉 겨울에는 문필봉
철따라 내력을 담은 이름들 새롭다

경상 순찰사 이성계가 백일기도 오가고
도사 이갑용이 120개 은수사 돌탑 세워
태종임금이 부르기 시작한 마이산이여
지나간 흥망을 너는 말하지 마라.

낙엽을 밟으며

수북이 쌓인 낙엽 길
저벅저벅 밟으며 걸어간다
매캐하고 상큼한 이 기분

노랗고 발갛게 타오르는 둥지들
얼굴을 물들이고 가슴까지 적셔와
가을 내음에 취한 듯 넘쳐나는 깃발
푸른 바람에 하늘로 나부낀다.

누가 가을을 외롭다 했는가
불타는 산마루 높고 푸르른 하늘
햇살에 반짝이는 고요한 은빛물결
흐드러지게 핀 억새 꽃 흩날리고
들국화 피고 지는 향기 짙은데…

이 가을에
마음이 햇살처럼 따뜻하고
하늘처럼 푸른 사람을 만나
바람도 시가 되는 얘기를
끝없이 나누어 보고 싶다.

낙엽의 발레

낙엽이 밀려와 발레를 한다
초겨울 거센 바람 따라 옥타브를 높 낮추며
또르르 굴러 회오리바람 타고 빙글 솟아올라
유영을 하다 내려오며 쓰러진다.

춤을 춘다 현란한 춤을
발레리나 발레하듯 미끄러지며 스윙으로
피겨스케이트 요정처럼 선회하다 몰아치다
스쳐나가다 솟구쳐 사뿐이 내려오며
가볍게 돌아나가다 풀썩 주저앉는다

서울대공원 드넓은 광장 공연무대가
넓은 주차장 아이스링크가
진출입로가 스키장이 되어
낙엽이 발레 피겨스케이트 스키를 하는
예술의 전당이 되었다

몰아치는 바람에 몰려오는 낙엽들의 군무
서서 뜀박질하기도 옆으로 날 세워 구르기도
엎드려 배 깔고 밀리다 제멋대로 나뒹굴기도
저공비행으로 솟아오르다 유영하며 내려오다

형태도 다양한 요술을 부린다

멀리 몰려가다 회오리바람 타고 솟아오르는 황홀함
보면 볼수록 현란한 발레리나의 절정이다
낙엽은 아름다운 요술쟁이
현란한 발레리나.

제5부 보이지 않는 손길

캄캄하던 삶의 질곡에서도
현몽까지 했으나
다른 길로 가다가
받은 상처가 너무나 커

산새

산새 한 마리
낙엽 진 산등성이
나무 끝에 앉아 외로이 울고 있다

휘익 - 외마디 긴 소리로
초겨울 찬바람을 몸으로 가르며
누구를 그토록 애처롭게 부르고 있나

꽃피는 봄 녹음 짙은 여름 동안
어디에서 무얼 했기에
이제 와서 단장斷腸의 메아리인가

못 다한 얘기 얼룩진 사연 아직 남아
이 겨울 다 가기 전에
전해야 하는가
그리운 임이기에.

둑방길

지금은 의연한 차도,
연희동과 모래네 들
끼어 가던 홍제천 둑방길 가다보면

집단으로 밀려온 청계천 민생들이
평온하던 마을 얼룩으로 수놓고
질긴 목숨 살아남는 전쟁터인 듯
열화 같은 장면을 펼치고 있었다.

군용천막 수없이 쳐진 반쪽 일 가구
땅 따먹기 놀이 같은 일상
새벽을 깨우는 비명
벌려진 입으로 보는 장면 사연들
튀는 민생들이 펄럭거렸다

눈물어린 사랑도 가고
사라진 역사의 뒤안길이 되어
가슴 아픈 얼룩이지만

아직도
더러 이런 삶들
쪽방 골목에 남아 있어.

기우는 달

–월남전선에서

포탄과 건쉽이 난무하고 나면
총칼로 훑고 가는 적진 속
저격의 총탄 날리는 적을 찾아
번득이는 눈길 앞에
퀭한 눈으로 쓰러져 있는 어린이

주야로 점령군이 바뀌는 이유도
무엇이 복부를 관통했는지도
모르는 생명도 총칼이 무서운지
겁에 질려 나를 바라본다.

다 피난 나가고 포격 맞은 집에
홀로 남은 노파만 안절부절
야자수 밑에 쓰러진 어린것을
핏기 없는 얼굴로 번갈아 힐금거린다

살려달라는 무언의 호소가
가슴을 저미지만
눈에는 눈물도 말라버려
온몸으로 울었다

살기 위해 죽여야 하고
약한 것만 죽어야 하는 꽃
그래도 꽃은 피어야 하나
지구촌 곳곳에서 피고 진다.

원주역에서

반백으로 돌아와
유난히도 춥던 그날 밤 앞에 섰다
38선 이북으로 돌아가려고
끌고 갔던 강릉행 자정 열차

차창 너머로 캉캉 지나간 밤이
희뿌옇게 펼쳐오는 바다
붉게 물들이는 황량한 풍경
물기둥 솟구치는 성난 파도소리로
객수客愁를 더해주던 아침결

자욱한 물안개를 뚫고 달리던 버스가
햇살 모여 도란거리는 토담아래
졸고 있던 병아리들을 깨워 반기던
고향인 듯 포근했던 보금자리

별밭 같은 꿈길로 달려오는
그 파란 눈빛들 허공의 노을로 지고
빈 가슴에 파도소리만 자욱이 내려
서울행 열차에 오르는 발길 위로
휘휘 감겨나간다.

촛대바위

돌아옵니다 나갔던 바다가 돌아옵니다
멀리서 어선들도 따라옵니다
의기양양한 어부들 위를
끼룩거리며 따라오는 갈매기들

내 남편 내 아들 영감 마중 나온 가족들
푸짐한 생선 바구니들이 내려오자
모두들 기뻐서 법석입니다
갈매기들도 들떠 머리 위에서 춤을 춥니다

차가운 바닷바람이 옷 속까지 파고드는데
오늘도 돌아오지 않는 그리운 임을
기다리며 울고 서있는 그녀
언제나 그 소원 이루시리까

남들은 잘들도 돌아오는데
우리 낭군은 왜 오지 못할까
기다리다 울다 지쳐서
굳어버린 촛대바위.

눈 밟는 소리

새벽을 깨우며
뽀드득 뽀드득 눈 밟는 소리
비단결 고요를 흔드는 소리

아늑한 눈길 위에
애틋하게 남는 발자국 소리
누님이 부르는 소리

멀리 떠났던
들국화 같은 소녀가
돌아올 것처럼
예감의 안테나 세우는 소리.

흰 눈 밟는 소리

어둠을 밀고
새벽을 깨우며 걸어가는 소리
하얀 정막을 흔들어 나간다

정겹도록 포근한 눈길 위에
맴도는 발자국 소리
누이 인 듯 그리워지는 아픔인데

오늘은 첫사랑 처녀가
이 길로 돌아올 것만 같아
마음에 고이 등불을 밝혀든다.

눈 내리는 밤

내 마음과 같이 캄캄한 이 한밤을
휘날리며 나풀거리며
희뜩거리는 불빛 사이로
흰 눈이 내린다.

시끄러운 세상 잠재우는
하늘의 신비한 날개 짓인가

이 밤을 지새우는 사람들
외로운 가슴에
그리운 소식일까

비워지지 않는 어둠 속
잊혀진 추억의 조각인 양
싸늘한 눈이 설렌다.

겨울바다 갈매기

멀리 나갔던 바다가 돌아옵니다.
차가운 바람과 파도를 몰고
낙지 조개 굴 캐는 아낙들 밀어내며
쏴 소리로 덮어 옵니다.

뒤따라오는 어선들
갑판위의 어부들 의기양양합니다
갈매기들 어지럽게 동심원을 그려
손에 잡힐 듯 따라옵니다.

누가 갈매기들을 이렇게 날게 했습니까
누가 갈매기들을 추운 바다위에 살게 했습니까
차디찬 물결 가르며 먹이 찾다 지쳐
외줄기 쉿소리로 울어댑니다.

겨울이 서럽게 오고 있는 길목에서
포구를 맴돌며 끼룩거리는 갈매기 떼들
새벽을 여는 한줄기 쇠북 소리같이
적막을 깨우며 가슴을 긋고 있습니다

함박눈 내린 새벽

마지막 잎새 떨어뜨린
앙상한 나무 가지들에
새벽이 환하게 밝아지더니
만발한 벚꽃나무가 되었다

흐드러진 눈꽃 길을 걸으면
하얀 세상을 다스리는 섭리대로
화개장터 가는 길 속인가 윤중로 가운덴가
흰 구름 떠가는 풍경 속이다

꽃인 듯 황홀한 절경
이대로 두고 살 수 있다면
떠났던 사람 돌아와 있는 것처럼
천국 같은 설경 속에 안기어
날아갈듯 기뻐 들뜨리라

다시는 미워하지 말고
시기하지도 헤어지지도 말자고
뜨겁게 아프게 포옹하리라
오래오래 머물고 싶은 이 새벽에

하얀 지평선

하얀 눈 위로
기차가 길도 없이 달려가고 있다
발자국이 소리도 없이 가고 있다

산골마을 길과 나무들 초가지붕까지
소복소복 쌓여 졸고 있는 시리디 시린 눈
멀리 가물가물 지평선을 그리며
푸른 하늘과 맞닿아있는 입술이다

입맞춤하는 미지의 땅으로
기차를 타고 하얀 눈가루 날리며
모세의 기적인 듯 흰 바다를 가르며
요원의 불길처럼 달려가고 싶다

푸른 하늘밑 하얀 세상에서
푸르디푸른 사람들을 만나
눈처럼 희디흰 얘기를
펄펄 눈을 맞으며 나누고 싶다.

저 하늘의 별을 넘어

나뭇잎 하나에도 계절이 찾아 내리고
물방울에도 찬란한 빛 서리는 곳에 태어나
안 되는 줄 알면서도 좋아하고
못사는 줄 알면서도 살아가는 와중에 끼었네
삶을 영위하느라 삶을 팔고
촌각을 다투며 촌음을 허비했던
열망은 고난의 맨주먹으로
사랑은 장님 앞의 무지개였네
여기를 보면서 저쪽을 넘겨보는
두 눈보다 더 멀리 보는 애꾸 큰 눈을
배진 뱁새눈 옴팍 눈이라고들 빈정대지만
그 속에 빛나는 별을 누구도 보지 못하네
어둔 밤 등대에 불하나 켜지고
폭풍과 거센 파도에 들끓고 나뒹굴기도 하네
내 피안은 저 별을 넘어 저기니까
내 시대는 먼 어느 날
저 하늘의 별을 넘어 거기로 가는 찬란한 꿈
새 세상 새 희망 신천지로 트이는 길
저 별을 보고 달려가네
뜨겁게 치솟는 벅찬 가슴으로.

오토바이 쇼의 환상

6m직경의 큰 축구공 같은 철망 안에서
오토바이를 탄 전사들이 펼치는
극한점에 도전하는 스릴 넘치는 질주였다

한명의 곡예에도 박수와 환호가 넘치더니
두 명으로 늘어난 묘기엔 더욱 열화였고
세 명 네 명 다섯 명으로 늘어가며 상하좌우
360도 회전, 대각선 교차회전… 등 절정을 이루다
일곱 명으로 늘어난 어지러운 난무에 그만
까무러치고 마는 관중들

숨 막힐 것 같은 환상적인 곡예의 연속
상상을 뛰어넘는 또 다른 세상의 기이한 전개
돌고래가 수중 쇼를 펼치는 듯
박진감 넘치는 순간순간의 아찔함은
싸인 스트레스를 단번에 날려버렸다

그러나 그것은 한 순간
막이 내리자 측은하고 가련함
자랑스러워하는 전사들에 대한 연민
목숨을 건 무모한 도전이
가슴 아프게 하는 중국 아이들의 쇼.

보이지 않는 손길

천신제 올리던 마을 뒤 잠메산 꼭대기
쌀쌀하고 캄캄한 밤, 멀리 상두산에서
우르르 쿵쿵 섬광 번쩍이며 날아왔다
감겨들어 가기를 반복하던 전등불 연鳶
신비스런 그 기적을 일곱 살 어린 가슴에
새겨준 이유를 모릅니다.

물귀신 되기 직전 건져주고
전쟁터에서 총탄도 피해가게 하고
적진도 무사히 통과시켜주며
어렵고 위험한 고비마다 구해주던
보이지 않는 손길이시어!
하나님의 역사인가 신의 조화인가
무슨 연고로 이리 도우시나이까
유명 인사로 키운 것도 아닌데

캄캄하던 삶의 질곡에서도
갈길 예비하고 현몽까지 했으나
믿음이 약하여 다른 길로 가다가
받은 상처가 너무나 컸고
소중한 친구마저 보낸 아픔을 안은 채

늦게 깨우쳐 통회합니다.

임이시여!
한 번 더 기회를 주소서
허기진 매듭 다 풀고 베풀며 살다 가게 하시고
길이 남을 시 한 수 남기게 하소서
보이지 않는 손길이시여
감사한 임이시여.

제6부 고향 생각

꽃피고 새우는 강마을
어느 세월에
구비 구비
찾아볼거나

고향 길

가슴 시리게 떠오르는
뛰놀던 뒷동산
초가 굴뚝에 연기 피어오르면
그림 같던 마을 눈에 어리네

소달구지 덜컹거리면
풀피리 꺾어 불며
산길 따라 물길 따라 가던 십리길
아스팔트길 트여 하늘만 높아

산도 잘라내고 고갯길도 밀어내고
앞 강물 뒤 강물 뛰어넘고 덮어씌워
곧은 길 넓은 길 씽씽 달리다 보면
숲인지 마을인지 분간 못 하네

산 설고 물 선데 얼굴도 낯설어
논두렁 밭두렁도 달라진 들녘에서
옛 생각 더듬다 돌리는 발길 위에
외로움만 뚝뚝 떨어지는 고향 길

고향 생각

먼 하늘 아래
하얀 연기 깔리는 곳
꿈속의 마을 내 고향
변함없이 잘 있을까

서녘 하늘 노을 짙으면
하늘엔 별 마당 땅엔 풀벌레 소리
풍경소리 가슴 울리면
한없이 깊어만 가던 밤

강물에 담겨 놀던 그림자
건져가 버리는 달빛처럼
하나 둘 떠나버린 친구들
그리다 눈만 시리다

꿈길에도 선하게 찾아오는
꽃피고 새우는 강마을
어느 세월에 흰머리 날리며
구비 구비 찾아볼거나.

그대는 나의 별

가을이 나뭇잎 속으로 노랗게 내리고 있습니다
은실 흐르는 귀뚜라미 울음소리 타고
밤하늘의 이슬로 맺혀 내립니다

가을이 오는 곳에는
혼수이불같이 화사한 수채화가 그려지고
보이지 않는 길로 남는
사랑과 슬픔도 그려집니다

풍경이 다 지기 전에
황홀한 수채화 한 폭 잘라내
임계시던 침실에 걸어두어
환한 달무리와 서로 비추는
노을로 머물게 하고 싶습니다

별들이 더욱 빛나는 가을밤에는
달님의 얼굴도 별이 됩니다.
눈을 감으면 밝고 환하게 다가오고
눈을 뜨면 멀어져가는 하얀 별
그대는 나의 별입니다.

그대 별빛으로

머물다간 자리에
영롱한 이슬이 내리는 것은
이 가슴에 그대 숨결이
고동치고 있는 까닭입니다

떠나고 나면 누구나 많은 사연들이
지워지지 않고 맴돌듯
떠나버린 빈자리에는
늘 시린 밤이 머뭅니다

아직도 고스란히 남은 기억은
한 번도 온전히 가져보지 못했던
저 먼 별의 쓸쓸함인데
이 밤도 풍경소리로 지새울까

더는 생각지 말아야할 일
여린 모습으로 남아
가슴엔 이슬이 내리고
지새우는 밤도 머뭅니다.

새해 아침에

새해 새아침
햇살이 대형 창문에
쏟아지기 시작한다
눈이 부시게 온 집안이 환해진다

전화벨이 울린다
새해 더욱 건강하시란다
메시지가 들어온다
새해 복 많이 받으시고 뜻하는 일 다 이루란다.

송구영신 예배에서
가는 해를 감사하고 새해 열리는 순간
하나님의 도우심과 축복을 기도했다

화분에 바이오가든을 탄 물을 주었다
위치도 조정해 보고,
햇살을 받는 화분들
물을 머금고 너무 싱싱해 보인다

나도 화분처럼 싱싱하게 힘차게
새해 새 아침부터
의연히 나아가리라.

내가 왜 희망을 노래하는가

한 세월 해와 달이 서리고
별이 머물던 섬

시원한 바람 불어오면 더욱 부풀던 꿈
빛과 그림자로 머물던 곳
가슴 설레며 부르던 노래
별 바람에 땀 냄새 스쳐오면
더욱 시려오는 다짐으로 변했지

참외 수박 단맛에 빠져들어
시간 가는 줄 모르고
꿈을 펼치며 꽃을 피웠던
그리운 얼굴들 사연들
어디로 가고 홀로 남았나

그 섬 찾아보다 하우스에 채여
떠도는 발길 마음만 더 아프다
할 일 없는 낮달이 된 나
쓸쓸한 그 옛날에 기울고 있다.

해와 달
—새해 아침

햇살이 온 집안에 한아름 쏟아진다
전화와 메시지로 덕담이 들어오고
화분에 물 흠뻑 주니 싱싱한 푸른 줄기

새해는 해와 달 설레는 일 많겠지만
가렸던 천체들도 모두 다 솟아나리
일마다 하늘이 도와 꽃밭마다 은빛종소리

무자년 가는 무렵 우리 다 한데 모여
수고했다 칭찬하며 얼싸안고 격려하며
두둥실 신명난 춤이 모닥불로 타오르리.

목련이 지면

목련이 지면
온몸 환하게 등불 밝히다
불현듯 시들어버린
그 아픔이 되살아난다

살점 떼어내듯 떠나보내고
홀로 남은 꽃술은
벌 나비 어지러운 봄을 지새우다
무성한 잎 속에 파묻혀 버렸다

그렇게 훌쩍 가려거든
꽃 등불 밝히지나 말지
아린가슴 거칠게 휘저어놓고
질펀한 눈물로 사라지니
마음은 타다만 재가 되었다

사는 것이 가파르면
따뜻하던 그 숨결이 자꾸만 생각나
아쉬움에 젖다 쓰디쓴 눈물이 고인다

꽃잎 마지막 떨어지던 날

세상은 암흑같이 어두워졌으나
다시 피어 만날 그날을 기대하며
기도하는 마음으로 살아간다.

지구 재앙의 카운트다운
-IPCC 보고서

지구 온난화에 대한 무서운 경종
금세기말 기온 6도 상승 시
공룡 멸종 때보다 더한 기후 변화로
지구의 대재앙이 예상된다는데

지구촌의 국지적인 재앙의 서곡들
폭우 홍수 가뭄 폭염 폭설 침수 허리케인…
온난화의 주범들
일산화탄소 온실가스 자동차 배기가스
공장의 배기가스는 늘어만 간다

이대로 방치한다면
17억 인구 물 부족 기근
온대지방 대부분 생물멸종 해상침수
극심한 재앙의 배가 한반도 산림식물 멸종
서울에 소철나무 야자수 상존…
무시무시한 경종들이다

한발 한발 다가오고 있는 재앙
경종에서 끝나야 할 일들이다

시급히 화석연료 사용을 줄이고
권역별 종합대책 수립을 서둘러
지구 재앙의 카운트다운을 멈추게 하라.

조신調信의 꿈※

관음상 앞에 빌고 빌어 이룬 사랑
사십년 세월에 거지가 된 조신
인생만사 일장춘몽임을 깨닫고
불도 닦는 일에만 다시 전념했는데
뜻을 세웠다 부질없이 끝냈으니
관음상을 다시 대할 면목이 있겠는가
무기력한 생활을 뒤늦게 깨우치나
파뿌리가 된 아내와도 헤어져야했다
세상이 넓어 할일이 많지만
약한 의지와 게으름으로 될 일 없으니
조신의 가슴에 남은 슬픔의 끝은 어디일까
인생무상을 깨닫고 다시 시작한 득도의 길
부처님께 공양이 되는 길이 되기를
그의 처자식은 멀리서나마 바라리라
후회만 남는 지나온 길
헛된 꿈으로 살아온 것 크게 뉘우치고
뜻을 다시 세워 우듬지 별빛 어우르는
삶을 살아볼 일이다.

※ 삼국유사 조신 설화

무제

끊어질듯 쓰러질듯
가냘프게 이어오는 강인한 생명력

척박한 풀숲에 떨어졌어도
얽힌 가시덤불을 헤집고
바위틈도 뚫고나오는 기개로
엄동설한 폭풍한설을 이겨낸다

한때는 왕성해진 줄기에서
은은하게 피어나는 꽃향기가
천리에 이르며
나는 새도 떨어트릴 것같이
하늘로 치솟으며 푸르렀다만

무성한 잎과 줄기를 나풀거리며
희미한 빛과 그림자로 만족하다가
돌풍을 만나 휘둘리며 싸우다
가는 길이 저물었다

시간은 세월편이라 잎도 줄기도 약해지고
주위의 수풀마저 쇠잔해 가는데

쓸쓸한 초겨울 서릿바람에
초원을 홀로 달리는 사슴처럼 시리다

오늘을 축복하소서

십자가 대속의 은혜로 우리를 구원하신 주님이시어 오늘도 당신과 함께 걷기를 간절히 바라게 하시고 성스러움을 담아 천천히 성호를 긋게 하셨습니다.

오늘 하루는 너무 많은 일을 하려고 욕심내지 않게 하시고 너무 많이 말을 하려고 나서지 않게 하시어 오지 않은 일로 근심하고 걱정하지 않게 하셨습니다.

오직 순수함 자체로 주안에 머물며
주님과 함께 걸어가는 영광을 누리게 하소서
욕심을 떨쳐버린 가운데 당신께 기쁨을 드리고
역사하심에 따라 제게 맞는 분량만큼만 받고
감사하는 마음으로 주안에 머물게 하소서
항상 동행 길에 계셔서 오늘도 내일도 기쁘고
행복하게 살게 하소서

사랑의 주님이시어
우리가 세상일에 너무 많은 걱정과 염려를 하면, 우리를 이끄시기가 불편하시겠지요. 우리들의 삶 자체가 걱정과 근심으로 시작되고 난관과 고통 안에서 이어지고 있사오나, 지혜의 은총을 내리시어 이것들로부터 벗어나게 하시고 주님의 참 평화안에 머물게 하소서

우리들에게 주어진 삶을 복잡하게 생각하지 않고, 기대어사는 삶을 통해 위안을 얻고, 큰일을 이루도록 역사하소서. 비록 작은 것일지라도 기쁨과 즐거움으로 받아들이고 알찬 성과를 이루게 하시어 주님의 영광이 이 땅에 가득히 들어나게 하소서

주님을 통해 걷는 이들에게 역사하시고, 따르고자 하는 이들을 통해 빛을 드러내시어, 무에서 유를 창조하는 놀라운 일을 이루게 하소서

주님 앞에 머리 조아리는 저희들 불쌍히 보시고 축복하여 주시고

이끌어 주시어 주님의 사랑 가운데 넘치게 하소서.

전철 안의 꽃

항상 비좁은 러시아워 분당선 전철 안

약간 느슨한 보호석 앞 틈새에 끼어 흔들린다
늙수그레한 남자 슬며시 일어선다 얼른 들이밀어진 나의 엉덩이 차는 서는데 내릴 기미가 없는 그 사람 아! 양보를 순간 부끄러웠다. 그래 나도 해보자
힘들어하며 아이를 데리고 서 있는 한 할머니에게 자리를 양보했다 표정이 환해진다. 이어지는 양보들 손녀아이는 고사리 손짓 발짓을 하며 아빠 곰 엄마 곰을 부른다 온통 웃음꽃이 피었다 전철 안엔
여린 손들이 꽃을 피우는 풍경이다

꽃잎은 누가 피우는 것도 아무데나 피는 것도 아니다.

‖ 총동창회 축시 ‖

남성인이여 벗들이여

한별로 우뚝 솟은 건아들이여
남성인의 기치아래선 벗들이여
만경 벌 솝리 땅에서 꿈을 키운 아들들이여

주위의 부러움과 선망의 대상이 되어
부모형제의 기대와 축복 속에서
앞서가는 가르침을 갈고 닦으며
만인의 사표 될 것을 굳게 다짐한 우리

몸과 마음 다 바쳐 푸른 꿈 펼쳐가며
세파를 헤치면서 개척하면서
격동의 한 시대에 휘둘리면서도
나라 안팎 눈부신 활동 속에
푸른 깃발로 참신함을 추구해 왔다만
아직도 못다 이룬 꿈 더러 많으니
그대들에겐 건강과 슬기가 넘쳐야한다

무자년 대미를 우정으로 다지는 동창들이여

우리의 지난날은 가슴에 접어두고
우리의 다짐을 되새기면서
오늘의 만남을 기쁘게 노래하자
오늘의 우정을 새롭게 다져보자
가슴깊이 스미는 정 먼발치로
한양에서 솜리까지 손을 흔들어가자

수십 년 이어오는 우리의 자랑
영원히 펼쳐나갈 우리의 다짐
남십자성 별빛위에 길이길이 띄워 보내자
그 이름도 영원하라, 남성 12회 동창들이여.

‖ 동기회 축시 ‖

전우여 동기들이여

호국의 선봉장이던 동기들이여
자유의 십자군이던 전우들이여
송정 벌 상무대에서 꿈을 키운 건아들이여

피와 같은 땀으로 지피는 용광로에서
무쇠로 단련된 샛별이 되어
이 한 목숨 조국의 밀알이 되리라 다짐하면서
시퍼런 DMZ 전선으로 퍼져난 우리

몸과 마음 다 바쳐 푸른 꿈 펼쳐가며
파란과 격동의 한 시대에 휘둘리면서
한국전선 월남전선을 넘나들어
포연을 뚫고 나는 의지의 날개로
가슴마다 꽃을 피워 피로지며 열매를 맺어
날선 예지와 지략으로 불의와 싸웠다만
못다 흐른 강물만 아쉽게 흐르고 있네.

추억어린 삼각지에 선 성긴 머리 동기들이여

우리의 지난날은 가슴에 묻어두게나
우리의 다짐일랑 강산에 심어두게나
수묵처럼 스미는 정 가슴에 안고
푸른 깃발 어우르는 먼발치로
한라에서 백두까지 손을 흔들게

사십여 성상 지켜온 우리의 자존
영원히 기록되어야 할 우리의 위상
전사에 길이길이 남겨 빛내세
그 이름도 영원하라 191 불사신들이여!

불의 씨앗과 人情美

黃 松 文

詩人 • 선문대 명예교수

사람은 불로 꽉 들어찬 정신이라고 세익스피어는 말했다. 마찰로 생성된 불은 성적 결합의 결과로 간주되어, 불은 곧 성을 상징한다. 불은 생명의 씨앗이고, 생명의 씨앗은 곧 불이 된다.

불은 그 생태학적, 충동적 행위나 성적 에너지 외에, 따뜻하게 해주고 빛을 주는 것만으로도 남녀간의 정신과 사랑의 원천적 심상을 상징한다.

사람이란 태어나면서부터 불의 찬미자라고 보들레르는 말했거니와 이어령은 불의 부딪침… 원시인들은 이 부딪침의 원리 속에서 불이라는 것을 발견했다고 하면서 오늘날의 인간들도 그 원리 속에서 생의 불꽃을 얻는다고 했다.

물은 창조력의 원천, 여성의 생산적 원리를 상징한다. 물이 지닌 풍요와 생명의 신화적 상징성을 가진다. 물은 생명의 근원이며 재생을 상징하는 이 상징적 의미가 보편적으로 적용되고 있는데, 이효석은 물과 불, 이 두 가지 속에 생활은 요약된다고 하면서 시절의 의욕이 가장 강렬하게 나타나는 것은 이 두 가지에 있어서라고 말하고 있다.

황의형 시인 역시 사랑의 불길에서 생활의 의욕을 찾는다. 그는 신록을 푸른 불길로 보고 신혼의 신방을 유추한다. 수림에서 우산의 형태를 도출하고 우산 속에서 신록의 사랑을 연출한다.

하늘나라 꿈꾸는 모닥불이다
봉오리 피려는 여인 젖가슴
푸른 우산들을 펼치는 중이다

활짝 펼쳐드는 우산 속에
새들의 속살거림이 이어지고
벌과 나비들도 잉잉거린다.

우산마다 넘쳐나는 젖과 꿀
솟아오르는 종달새처럼
아지랑이 아질아질 피어오른다

자가발전을 일으키는 잎맥인가
신혼의 혼야 꿈꾸는 청사초롱인가
눈부시게 타오르는 가슴 안 불길

태양처럼 작열하는 사랑 한 아름
설레는 바람의 치맛자락
꿈을 지피는 새파란 불길이다.

-「신록 1」 전문-

신록은 하늘을 닮은 빛깔을 지녔다. 그에게는 신록조차도 불과 관련된 성애로 나타난다. 이는 그의 심저에서 용출하는 리비도를 의미한다.

목화송이 같은 눈이 내려
온 세상은 하염없이 흐드러진다

다 묻혀버리고
막막하게 쌓여가는 산천
혼미한 천지에 적막이 내린다

멀리 들려오는 희미한 설렘 소리
웅성웅성 소곤거림이
외로운 뜰 안에 환한 길을 트는데

떠났던 사람 눈 잎처럼 돌아올 것 같아
들뜬 가슴은 기쁨으로 설레다
마음에 고이 밝혀든 등불이
깊은 밤을 지새우며 가물거린다

눈발은 꽃잎처럼 쏟아져
행여 돌아올 길마저 막힐까
이 슬픔은 흰 달빛이 되어
무심한 눈꽃 속을 헤맨다.

—「강설降雪」 전문—

여기에서는 눈 오는 밤의 그리움과 고요함의 극치, 여기에 향토적 시정성이 배경으로 깔리고 있다. 목화송이 같은 함박눈이 내리는 가운데, 산천으로 시야를 확대하고, 고요함과 설렘의 교차를 보인다. 여기에서도 자연스럽게 리비도가 대두된다. "떠났던 사람 눈 잎처럼 돌아올 것 같아"가 그것이다. 그것은 등불로 살아나고, 눈잎은 꽃잎으로 유추되다가 애틋한 달빛과 눈꽃으로 합성하면서 랑데부를 꾀한다.

전선에 나간 형님이
행여 돌아올세라
비몽사몽 꿈길을 따라
정거장으로 나가 계시는 어머니

진종일 기다려도
오지 않는 아들 눈에 밟혀
눈물도 말라버린 주름살 얼굴
하늘도 땅도 본체만체
풀이 죽어 돌아오시네.

다른 집 아들들은 잘도 오는데
왜 이제까지 오지 못할까
새라면 훨훨 날아가 보련만
절절한 탄식으로 무너지는 모성

장독대에 정화수 올려놓고
신 새벽 천지신명께
아들의 무사귀환을 빌고 빌 적에
소쩍새도 소쩍 소쩍 훌쩍거렸네.

-「어머니」 전문-

어머니의 자식에 향하는 모성 본능이 인정미학으로 나타나고 있다. 나라가 풍전등화처럼 위태롭고 학도병들이 이삭처럼 죽어가던 시절에 애타는 모정을 실감하게 된다. 장독대에 정화수를 올려놓고 그저 어떻게 해서든지 아들의 무사귀환을 비는 정경은 조선 여인들의 보편적 풍속도라 하겠다.

장날이 저물면
등불 들고
마중을 나갔다.

돌아오는 길가의 주막들
참새 방앗간 들려가듯
한잔 또 한잔 정담을 나누다가
오밤중이 되어야 오시는 아버지

바람과 맹모래 같은 삶
하루에 다 날려버린
아버지가 저만치서
터덜터덜 걸어오신다

취하고 취하셔도
기막히게 건너시던 외나무다리
어머니의 노심초사가
그 발길을 붙드셨던가

꿈길 같이 몽롱한 마중 길
길도 사라지고 아버지도 떠나셨는데

나도 덧없이 저물어만 간다.

-「마중 길」 전문-

부성애의 인정미학이다. 전기가 없던 시절의 시골 밤 풍경이 여실히 그려진다. 농부의 인생파적인 낭만도 느껴진다. "바람과 맹모래 같은 삶"에 이르게 되면, 바람처럼 밖으로 떠도는 아버지와 가슴 졸이며 살아야 했던 여인들의 생애가 손에 잡힐 듯이 다가온다. 아버지를 추억하는 시인의 애상이 페이소스로 촉촉이 젖는다.

세살 여섯살 여아들 소꿉장난 같은 삶이
풀잎에 맺힌 이슬처럼
험한 바람에 떨리고 있다

부패되어 가는 엄마의 시신 곁에서
날 옥수수로 연명하며
배고프다 우는 동생을 달래려다
같이 울어버렸을 어린 언니

뿌리고 버리는 일 그리 쉽게 하고도
어찌 인간이라고 말할 수 있겠나
가난과 고통을 팔지 마라
짐승들도 제 새끼는 죽기로 보호한다.

깡 소주로 시름을 달래다
뜬구름으로 떠나간 여자야

어미마저 없는 세상
하얗게 눈물까지 말라버린
새싹들은 어쩌란 말이냐.

-「새싹들만 남겨두고」 전문-

맹자의 사단四端 가운데 첫째 덕목인 측은지심惻隱之心으로 강세를 보이는 인덕仁德의 인정, 이웃에 대한 인정미학이다. 여기에는 동심도 있고, 농심도 있으며, 시심도 있다. "깡 소주로 시름을 달래다 / 뜬구름으로 떠나간 여자야"에서도 역시 연민의 정과 함께 인생파적인 낭만성을 도출하게 된다.

하늘과 산, 물이 푸르게 모여 사는
적막한 평화의 댐 양지 녘
녹슨 철모 통나무 십자가 위에
무량한 햇빛만이 쓸쓸한 졸음을 즐긴다

포연이 휩쓸고 간 격전지 백암계곡
댐 들어서고 비목공원 세워
화천 백암산 일대 처절한 전투에서
산화한 무명용사들의 원혼이
서럽도록 외로운 노랫말로 울고 있다

긴긴 시간을 목메어 외치는가
넋이라도 댐을 지켜야 한다고
참담했던 그날의 아픔 날려버리고
가슴속 새파란 세상 꺼내 보이려

묻어준 돌무덤에 이렇게 서 있노라

단절된 땅의 고독
캄캄한 어둠의 터널을 지나면
새 시대의 아침이 댐 물을 열고
울다 지친 비목에 맺힌 한 씻어 주랴

–「비목碑木공원에서」 전문–

전쟁의 상처를 어루만지는 의지적 작용이 내비치고 있다. 전쟁의 잔해인 녹슨 철모와 무량한 햇살이 대조를 보인다. 철모와 햇살, 그것은 전쟁과 평화를 단적으로 암시하고 있다. "하늘과 산, 푸르게 모여 사는 / 적막한 평화의 댐 양지 녘"이 청춘을 견지하려는 의도를 보이고 있다. 사람은 가도 국군은 영원한 청춘이라는 의도가 암시되고 있다. 그것은 푸르게 모여 사는 하늘과 산, 물인 것이다.

당신은 항상 연약하고
가녀리게 보이면서도
추운 겨울 칼바람을 이겨내고
눈을 뚫고 핀 복수초*같이 의연합니다

풍전등화 같은 절박감 앞에서
참는다는 고통이 얼마나 큰 것인지
맞서 보지 않고는 어찌 알기나 하겠습니까

다물* 정신이

온몸에 흐르고 있었기에
매서운 추위와 난관을 극복하면서
견실하게 산과 들로 뻗어날 수 있었지요
–「인동초」 중 전반부–

여기에서 말하는 복수초福壽草는 이른 봄에 눈을 뚫고 나오기 때문에 그 의지의 상사성相似性에서 차용한 것으로 보인다. 이 시는 앞의 시편에 모호성이 별로 없이 명료하기 때문에 독자가 어리둥절할 필요가 없겠다.

수평선 멀리
아스라이 가물거리는 물결 위로
한 점 갈매기 그리움을 편다.

외로움을 털어내며
떠도는 구름도 아득히
해변을 따라 헤적인다

파도처럼 설레는 가슴
갯바람 애틋한 심사로
온몸 적시며 찾고 찾아
건져 올린 향수의 물빛

이제는 늦었어요
너무 멀리 와 버렸어요
구름처럼 바람처럼 손짓하는

꿈결인 듯 물빛이 시리다.

-「 수평선 1」 전문-

맞닿은 입술에서
줄기차게 밀려오는
아리아의 선율이 흐른다.

갈매기 떼 깃 치는 소리도
은은한 뱃고동 소리도
타는 간장을 긁어대는데

쓰라린 상처 동여매고
그렇게 아프게 떠날 바엔
물빛 보자기 풀지나 말지

하늘 끝
수평선 너머로 사라졌는지
흰 구름 한 점 외로이 떠
가신 길도 모른 체하는지
비릿한 갯바람에 눈만 시리네.

-「수평선 2」 전문-

이 「수평선」 1과 2에서는 떠나간 임에 향하는 그리움을 도출하여 표현하고 있다. 모두에 물은 여성을 상징한다고 했다. 그러므로 물결에서 성애를 느끼고, 그리움으로 이어진다. "향수의 물빛" 위로 건져 올린 '구름'은 허무의 손짓을 동반한다. 「수평선 2」 역시 떠난 임에 향하는 그리움을 견지하고 있다.

황의형 시인은 앞에서 전제한 물과 불의 상징성을 의식하고 어떤 계산에 의해서 시를 쓰지는 않았을 것이다. 그런데 그의 시세계는 약속을 한 것처럼 상징적 의미를 머금고 있다. 그것은 불의 씨앗과 연관된 인정미학이다.

그는 「신록1」과 「강설降雪」에서 리비도를 비쳤다. 그리고 「어머니」와 「마중 길」, 그리고 「새싹들만 남겨두고」에서는 인정미학이 두드러졌다. 그리고 「비목공원에서」와 「인동초」에서는 의지적 신념을, 그리고 마지막으로 「수평선 1」과 「수평선 2」에서는 떠난 임에 향하는 그리움을 표현하고 있는데, 여기에는 '불'과 '물'로 상징되는 원초적 리비도의 분출이라는 점에서 시의 건강성이 예견되고 있다.

황의형 시집 수평선

초판인쇄 2011년 8월 5일
초판발행 2011년 8월 12일
지 은 이 황의형
발 행 인 황송문
펴 낸 곳 문학사계
주 소 서울특별시 영등포구 문래6가 56-1
미주프라자 B1 102호
전 화 070-8845-9759
(016)561-5773
팩 스 (02)2676-9759
이 메 일 songmoon12@hanmail.net
등 록 2005년 9월 20일
제318-2007-000001호

값 7,000원
ISBN 978-89-93768-21-3 03810

배포처 자유문고 (02)2637-8988